Los LÍDERES del Mañana

Carmen Andrés Reyes

Los LÍDERES del Mañana

Para la elaboración de este libro, se ha utilizado papel de bosques sostenibles.

FSC BOSQUES PARA TODOS PARA SIEMPRE

Título: *Los líderes del mañana*

Primera edición: octubre de 2020

ISBN-13: 978-84-09-23811-8
Depósito legal: V-2260-2020

Para todas las niñas, niños y adolescentes
que habéis inspirado esta historia.
Seréis las personas que queráis ser.

ricos nunca bajan del 8. Mi distrito escolar (nuestra escuela infantil, y escuela primaria y secundaria) es un 10, 10, 10. Es de barrios como el nuestro de donde sale el mayor número de líderes. Para evitar acusaciones de discriminación, se suele becar a los estudiantes más brillantes de los distritos pobres, de modo que en cada aula de un centro 9 o 10 haya al menos un estudiante becado. Es muy importante estudiar en los mejores colegios porque ese será el trampolín desde el que poder acceder a las mejores universidades del país. Los líderes van al *Top Three* de su campo, es decir, a una de las tres mejores universidades en el área que estudian, que suele ser Economía, Derecho o Medicina. De la cuarta a la quinta, aún tienes oportunidad de tener un cargo alto, pero nunca podrás optar a ser VP (vicepresidente). Menos de eso, ya no tienes opción de acceder a un buen puesto. Carol y yo comenzamos la escuela primaria una fría y lluviosa mañana de septiembre. En el primer recreo mi hermana ya me presentó a sus nuevas amigas. Esperaba que yo estuviera tan emocionada como ella por caerle bien a los demás, pero con seis años ya estaba acostumbrada a estar en un cómodo segundo plano. Saludé educadamente y me fui con mi libro debajo de un gran árbol a leer. Noté las miradas de sorpresa seguidas de hostilidad de mis nuevas compañeras y algunos cuchicheos, pero no me importó lo más mínimo. Junto con la escuela primaria comenzaron las actividades extraescolares. Los líderes del mañana tienen que ser deportistas, músicos y estudiantes excepcionales. Carol eligió el ballet y el piano; yo el kárate y el arpa. Carol se convirtió en la delegada de su clase en nuestra segunda semana en el colegio. Nuestros padres habían insistido en que fuéramos a distintas clases, pues querían que ambas tuviéramos las mismas oportunidades de despuntar como futuras líderes.

Para ahorrarme la charla de mis padres sobre el futuro que me aguardaba si no me convertía en lo que se esperaba de mí, les dije que había perdido en la votación para delegada de mi clase, a la que en realidad nunca me había presentado, lo cual supuso una profunda y silenciosa decepción.

4
Sobresaliente

El primer curso fue el más difícil para mí. Todos mis compañeros se esforzaban en ser los favoritos de los profesores para garantizarse las mejores notas. Fingían ser muy amigos durante el recreo, pero cuando un profesor hacía una pregunta se interrumpían unos a otros para destacar. Si alguno se equivocaba, era humillado en el acto. Eso sí, era una humillación elegante. Un día, la profesora Henderson preguntó cuál era el espacio más corto entre dos puntos y aunque decenas de manos se alzaban ansiosas por contestar, me miró a mí y dijo: «¿Y bien, Mia?». Sabía la respuesta correcta, pero el pánico se apoderó de mí de inmediato. Me puse roja en una fracción de segundo y mi cabeza empezó a pensar a la máxima velocidad posible. Pensé que eso dependía de a qué distancia estuvieran los puntos y que si estaban muy cerca la respuesta más lógica sería: «¿Otro punto?». Henderson me miró como se mira a una cucaracha a la que estás a punto de aplastar con el zapato, con una mezcla de asco y triunfo. «No es correcto. Te he hecho la pregunta más fácil porque nunca pareces interesada en contestar como el resto de tus compañeros. Ahora ya sabemos por qué. Me temo que voy a tener que hablar con tus padres». Agaché la cabeza y apreté la mandíbula llena de vergüenza y rabia. «¿Algún voluntario?». Manos levantadas. «¿Hanna?». «Es muy fácil, profesora. La línea recta». En un distrito 10,10,10 no se permite bajar del sobresaliente. Un notable es una mediocridad. Decepcioné a mis padres por enésima vez y tuve clases extra todos los domingos por la tarde el resto del curso. Eran las únicas horas que tenía libres después del colegio, el arpa y las clases de repaso de chino y español. No volví a equivocarme en clase. Este incidente reforzó mi tendencia a la soledad en los recreos. Lo último que quería era fingir que era amiga de niños que sin dudarlo me humillarían si pudieran, solo para asegurarse un sobresaliente. Solía leer o dibujar bajo el árbol que se había convertido en mi mejor amigo. Carol venía, invariablemente, a pedirme que fuera a jugar con ella y sus amigas cada día, y cada día yo le sonreía y le decía: «No, gracias. Tal vez mañana». Se encogía de hombros y se iba resignada a jugar con los demás. Sé que ella nunca hubiera hecho un comentario hiriente como el de Hanna, pero también sé que era inmensamente feliz en un mundo que parecía haber sido hecho a su medida. El primer curso por fin terminó y nuestros padres fueron llamados para la entrega de notas. Aunque mis notas eran tan buenas como las de mi hermana, mi tendencia al aislamiento era un comportamiento bastante grave. Resulta que si quieres ser un líder en cualquier campo tienes que caerles bien a los demás, y yo no hacía el más mínimo esfuerzo por socializar con el resto de mis compañeros. Henderson sugirió que si mi actitud no mejoraba quizá debería ir a otra escuela, lo que me valió un verano en un campamento de reeducación infantil.

5
Campamento Candance para niños inadaptados

En contra de lo que podía esperar, fue el mejor verano de mi vida. Resultó que en el Campamento Candance para niños inadaptados, había justamente eso, niños inadaptados como yo que odiaban el mundo en el que por una macabra broma les había tocado nacer. Los monitores no eran tan odiosos como los adultos a los que estaba acostumbrada. Aunque seguían siendo adultos, convencidos de que lo mejor que podían hacer por nosotros era lavarnos el cerebro. Dormíamos en cabañas dispersas alrededor de una gran casa de piedra en medio de ninguna parte. En cada cabaña había entre seis y ocho niños. Nos levantaban al alba todas las mañanas para hacer deporte porque fortalecía el espíritu. Después de una penosa hora de carrera de obstáculos, nos duchábamos e íbamos a disfrutar de un frugal desayuno. Y así comenzaba una jornada repleta de actividades dirigidas a hacer de nosotros niños sonrientes, capaces de liderar el grupo ante cualquier situación. Fue un alivio descubrir que no era la única que no estaba interesada en ser líder y mucho menos en complacer a los demás. Por desgracia, el campamento acabó una semana antes de lo previsto. Cuando los niños de la cabaña de al lado y las niñas de la mía nos negamos a participar en un taller de dinámica grupal, nos redistribuyeron entre el resto de cabañas (un niño díscolo por cada seis sumisos), pero no solo no consiguieron que nos enmendáramos, sino que algunos conseguimos arrastrar a la rebelión a nuestros nuevos compañeros de litera. Finalmente, decidieron clausurar el campamento. Supongo que consideraron peligroso que tantos niños insurrectos pasaran tiempo juntos. Por no decir el descrédito que podría suponer para Campamento Candance convertirse en un criadero de rebeldes. Recibí una bronca tremenda de mis padres. Parece ser que interrumpí la única semana de vacaciones que tenían al año y que estaban disfrutando con Carol en el Caribe, en una isla reservada para los líderes y sus familias. Me pasé las tres semanas de verano que quedaban con una institutriz bastante más estricta de lo habitual, durante doce horas al día, de lunes a domingo. Por suerte, mi hermana no me guardaba ningún rencor, y antes de irnos a dormir, me alegraba el día contándome todas las cosas divertidas que había hecho mientras yo estaba fuera: montar a caballo, aprender a jugar al golf y a pádel, empezar a practicar francés…

6
El fin de la soledad

Teníamos siete años cuando comenzó el segundo curso y con él, el milagro que lo cambió todo para mí. Aunque como ya he dicho nunca he sabido lo que es estar sola, hasta ese momento nunca había podido compartir lo que realmente pensaba y sentía con nadie. Podría haberme desahogado con mi hermana, pero ella era tan feliz que no valía la pena estropearlo con lamentos sobre algo que no podía ser de otra manera. El primer día de curso, la señora O'Hara, nuestra tutora de segundo curso, nos presentó a Michael. Era un alumno becado de un barrio pobre, cosa que nadie dijo pero que era evidente porque era negro y no había negros en mi barrio ni en casi ninguno de los barrios ricos. Blancos, asiáticos e hindúes conformaban la élite de los columblanders. Los negros y los latinoamericanos (o marrones, como algunos los llamaban) solían ocupar los estratos más bajos de la sociedad. Y así fue como conocí a mi mejor amigo. O mejor dicho, a mi único amigo. Michael era muy inteligente y también divertido, aunque esto último era algo que muy pocos sabían, ya que estaba tan poco interesado como yo en formar parte del grupo de alumnos bien avenidos de clase. Su padre trabajaba en la cadena de montaje de una fábrica y su madre limpiaba las casas de los ricos. Tenía dos hermanos mayores y ambos estaban en el ejército. Era uno de los oficios más habituales entre los pobres de Columbland, que no podían ni soñar con la universidad, y que de este modo les ahorraban la manutención a sus familias, ya que el ejército no solo les daba un oficio, sino que también podían dormir y comer en el cuartel a cambio de un sueldo más miserable aún que el que cobrarían en cualquier fábrica. Bajo mi árbol, que ya se había convertido en nuestro árbol, hablábamos de libros y de lo idiotas que nos parecían nuestros profesores y compañeros. De vez en cuando me quejaba de mis padres, aunque lo hacía con la boca pequeña, ya que sabía que quejarse por tener demasiadas clases con la institutriz o por tener que ir a clase de música eran problemas de ricos que a Michael, aunque nunca lo dijera, le debían de parecer de lo más insustanciales. El hecho de que nos hiciéramos amigos no solo no pareció contentar a O'Hara, sino que supuso una nueva reunión con mis padres sobre mi falta de interés por integrarme en el grupo. Así fue como se enteraron de que tenía un amigo y de que este era pobre. Mi padre, que no había apartado la mirada de la carretera ni un segundo durante el breve trayecto de la escuela a casa, que habíamos hecho en un silencio sepulcral, al llegar a casa pasó a mi lado como una exhalación sin mirarme siquiera y se encerró en su despacho. Mamá me dio un bofetón, dejándome la marca de la mano en la cara, y a continuación comenzó a gritarme que era una vergüenza para ellos, que tanto se esforzaban porque mi hermana y yo tuviéramos lo mejor, y que por qué no podía ser como ella y que para colmo de males, para una vez que decido hacer un amigo tenía que ser de bajos ingresos (decir «pobre» era políticamente muy incorrecto). Al día siguiente le conté a Michael lo sucedido con una mezcla de vergüenza y miedo. Vergüenza de tener unos padres tan clasistas y miedo de que se sintiera ofendido y no quisiera seguir siendo mi amigo. Para mi alivio, la respuesta de mi mejor amigo fue trazar un plan de supervivencia. Nadie había llamado a sus padres para quejarse por no relacionarse con los demás. Era evidente que persistir en este aislamiento voluntario solo me iba a traer problemas. Michael me persuadió para que hiciera lo que se esperaba de mí. Al fin y al cabo, solo tenía que actuar, nada más. Sería como hacer teatro. Desde ese día yo jugaba con mi hermana y las otras niñas y Michael jugaba con los niños. Les dije a mis padres que había entrado en un programa de voluntariado para enseñar a leer y escribir a niños pobres, lo cual les entusiasmó, ya que podría utilizarlo en mi redacción para el acceso a la universidad. En realidad, había conseguido una tarde a la semana de libertad que pasaba en casa de Michael charlando y riendo con él, y con la señora Parks, su madre.

7
Los miércoles por la tarde

Mi madre me había repetido hasta la saciedad que no quería que me relacionara con gente de bajos ingresos, ya que podía desviarme del camino correcto, que es el que me llevaría hasta una prestigiosa universidad y de ahí a un gran despacho en alguna empresa dirigida por líderes. Y allí estaba yo, en un barrio de gente pobre, siendo la niña más feliz del universo, aunque solo fuera los miércoles por la tarde. Para cubrir todos los flancos y que mis padres no pudieran descubrirme, enseñaba a leer al vecino de Michael, de solo cuatro años, durante una hora. El resto de la tarde la pasaba en la mesa de la cocina de la señora Parks, merendando, jugando con ella y con Michael a las cartas y escuchando las miles de historias que Rose, como se empeñaba en que la llamara, siempre tenía que contar. Su cara era redonda y estaba enmarcada por el pelo moreno, ya canoso, recogido en un moño a la altura de la nuca. El hueco entre los incisivos le daba un aire travieso a la gran sonrisa que surcaba su rostro ininterrumpidamente. Tenía la manía de secarse las manos en el delantal blanco, incluso cuando no las tenía mojadas. Era espontánea y cariñosa, algo que yo nunca había conocido. Me daba un gran abrazo al verme aparecer en su cocina y me hacía sentir más querida de lo que nunca lo había hecho nadie. La señora Parks se convirtió con el paso de los años en la madre cariñosa que nunca pensé que podría tener. Gracias a ella y a Michael, la gran mentira en la que vivíamos en los barrios con un distrito escolar 10,10,10 se había convertido en algo medianamente soportable. Rose sabía más cosas de los ricos que nosotros mismos y solía darme consejos útiles para tener contentos a mis padres y profesores. «Cuando te expliquen algo, sonríe siempre y haz como si escucharas con toda tu atención, pero no alargues mucho la charla. Contesta "tienes razón" o "así lo haré" o "muchas gracias por explicármelo" y pon una excusa para irte. No les interesa tu opinión, porque para ellos eres solo una niña. Quieren decirte cómo se hacen las cosas y cómo se espera que te comportes». Una tarde llegué bastante sorprendida. Me había cruzado con un niño con cara de hombre. Se lo expliqué a Rose y soltó una carcajada. «Es Will. ¿Es que nunca has visto un enano? Claro que no, en que estaría pensando…». Me contó que los líderes programaban los embarazos y que todos nosotros habíamos sido concebidos mediante fecundación in vitro, la cual permitía una selección de embriones perfectamente sanos. Por el contrario, las familias de bajos ingresos no podían ni querían seleccionar hijos perfectos, por lo que entre ellos había personas, simplemente diferentes. Y cuanto más tiempo pasaba y más amigos y familiares de Michael conocía, más vacía y absurda me parecía mi vida. Mis padres no tenían amigos, solo se relacionaban con compañeros de sus respectivos trabajos o con sus jefes, a los que invitaban a cenar cada cierto tiempo. No eran afectuosos entre ellos ni con nosotras. Todo lo que hacíamos era fingir que éramos felices y que teníamos todo lo que se podía desear, pero todo lo que yo deseaba estaba junto a los fogones de aquella pequeña cocina.

lleno de hoteles con restaurantes donde podías comer y beber sin límite, mientras te bañabas en la playa. Los huéspedes sonreían e intercambiaban bromas como si fueran viejos conocidos. Ser feliz era obligatorio en aquel lugar. A lo lejos se veía la valla que nos separaba de la zona de gente «de muy bajos ingresos» por nuestra propia seguridad. Pensé que tal vez la valla los protegía a ellos de nosotros por su propia felicidad.

9
Los líderes del mañana

Y así transcurrieron los siguientes cuatro años. De una forma relativamente tranquila, en un mundo que se me antojaba más artificial y vacío conforme iba pasando el tiempo. Carol y yo celebramos nuestro último cumpleaños en la escuela primaria poco antes de finalizar sexto curso. Con doce años nos sentíamos realmente adultas y más aún con la perspectiva del instituto tan cercana. Recuerdo lo feliz que era mi hermana antes de que todo cambiara. Si el colegio era competitivo, el instituto resultó atroz. El primer día se celebró una reunión de «bienvenida» en el salón de actos para todos los alumnos de primero. La señora White, directora del centro, nos hablaba desde el escenario. Era alta, rubia y delgada. Lucía un traje de pantalón y chaqueta gris perla entallado, que la hacía atractiva sin perder un ápice de profesionalidad. Un pequeño micro pendía de la solapa de su chaqueta como si de una presentadora de televisión se tratara. El discurso comenzó, como no podía ser de otra forma, con el concepto de «excelencia» y con cómo el instituto no era más que una herramienta que permitiría sacar lo mejor de cada uno de nosotros. Estaba acostumbrada a que se incentivara la competitividad, pero no hasta ese punto. «Mirad con atención a vuestro alrededor. Supongo que esperaréis que os diga que las personas que están en esta sala se convertirán en vuestros amigos en los próximos años. Os equivocáis. Solo uno de cada veinte alumnos llega a ser un auténtico líder. Políticos, investigadores en medicina de vanguardia, altos ejecutivos y, en el peor de los casos, ejecutivos a secas. Los demás, os quedaréis por el camino. Mirad de nuevo a vuestro alrededor. ¿Sabéis qué estáis viendo? A vuestros rivales. A los que os superarán o a los que tendréis que superar si queréis llegar a tener una vida por la que valga la pena levantarse cada mañana. En este instituto no nos interesan los buenos estudiantes. Ni siquiera los muy buenos. Solo queremos a los mejores. A los líderes del mañana». El sonido de los aplausos y silbidos de mis «rivales», jaleando el discurso de la señora White, me parecía irreal y lejano. Me había quedado petrificada en mi asiento. Carol me devolvió a la realidad de un codazo: «No te quedes así, que vas a llamar la atención. Sonríe y aplaude». La miré perpleja y comencé a aplaudir como un autómata sin ser capaz de sonreír. Por un instante, la mirada de la señora White se cruzó con la mía y sentí un escalofrío.

10
Carol no entiende nada

Muchos de nuestros compañeros de clase eran los mismos que en el colegio. Pero de repente, parecían no conocernos. A mí particularmente, esta nueva actitud hostil me supuso un alivio, ya que pude dejar de fingir que eran mis amigos. Querer pasar tiempo sola ya no estaba mal visto. Sin embargo, Carol estaba totalmente desubicada. No podía comprender por qué las que habían sido sus amigas durante seis años, ahora la trataban con indiferencia. Las primeras semanas solía llorar a escondidas. Mi hermana tenía el corazón más noble que haya conocido jamás. Ella realmente creía que la amistad era sincera y que los profesores que loaban sus notas sentían por ella auténtico aprecio. No se daba cuenta de que no había nada de auténtico en la burbuja en la que estábamos condenadas a vivir. Pasaba conmigo el tiempo del recreo, pero no nos estaba permitido abandonar el aula durante los tiempos muertos entre clases, por lo que Carol se quedaba en su clase y yo en la mía. Yo hacía todo lo posible para que no se sintiera tan desdichada. Sin mucho éxito, por desgracia. El auténtico drama comenzó cuando su estado de ánimo comenzó a influir en sus notas. Con una media de 7,1 en los primeros parciales del curso, automáticamente se convirtió en la alumna rezagada de la clase, lo que hizo que se sintiera más aislada todavía. Mis padres asistieron a su primera reunión en el instituto con el tutor de Carol, el señor Crick. También era bien parecido y de mediana edad, como la señora White. Como todos nuestros profesores, en realidad. Siempre con un traje impecable y el pelo perfectamente peinado con raya al lado. Mis padres no daban crédito. Su favorita, la niña perfecta, de repente, solo era «notable». Si hay algo peor que una bronca de tus padres por haber hecho algo malo, es una bronca por haberlos decepcionado. Yo sabía bien lo que era. A diferencia de Carol, yo siempre fui una decepción intercalada con etapas de alivio. Aunque no lo dijeran, sabía que todas las expectativas estaban puestas en mi hermana, cosa que a mí me venía muy bien, porque de un modo extraño me quitaba parte de la presión que me correspondía. Pues bien, Carol sufrió su primera bronca por decepción. Nunca había visto tan fuera de sí a mi padre. Generalmente era mi madre quien me gritaba mientras mi padre me miraba con desaprobación o se escondía en su despacho. Si estaba realmente enfadado, me castigaba con su indiferencia. Pero aquella vez fue distinto. Mi madre permaneció en silencio mientras mi padre gritaba a pleno pulmón, con la cara casi granate y la vena del cuello tan hinchada que parecía que iba explotar. Carol era su favorita. Nunca había intentado disimularlo. Y no iba a consentir que su favorita no llegara al menos tan lejos como él. Esperé pacientemente a que terminaran escondida en las escaleras y fui a la habitación de mi hermana en cuanto oí que mi padre le ordenaba: «¡A tu habitación! ¡Y ni se te ocurra salir mientras sigas siendo un repugnante notable!». Abrió la puerta temblando y con las lágrimas sin atreverse a brotar de la consternación. La abracé rodeándole los hombros y la llevé hasta su cama. Me senté apoyada en la cabecera, recostándola sobre mi regazo, y por fin rompió a llorar.

11
Retroceso

Mis padres no son columblanders por nacimiento. Vinieron de otro país que desconozco, ya que nunca han querido hablarnos de él. De hecho, no creo que supiera que existe si no fuera porque mi madre suele perder los papeles cuando me grita tras alguna decepción. Por lo que he podido deducir, antes de emigrar a Columbland vivían en un país donde era difícil encontrar trabajo y cuando tenías la suerte de hacerlo, solía estar por debajo de tu preparación académica y con unas condiciones poco menos que abusivas. Por eso decidieron venir aquí, y les debió de costar mucho esfuerzo convertirse en lo que son, porque nos lo echan en cara en cuanto hacemos algo que consideran que no está a la altura de lo que deberíamos ser. Para ellos es un retroceso. Es como si nuestra mediocridad echara por tierra todo su esfuerzo y devoción al liderazgo. Mi padre es VP en una gran empresa dedicada a grandes inversiones. Según nos ha explicado, es una versión modernizada de lo que antiguamente se conocía como «invertir en bolsa», que llevó a la ruina a nuestro país en el primer tercio del siglo XX y a principios del XXI. Debería saber en qué consiste su trabajo, ya que le encanta explicárnoslo durante la cena, con la esperanza de que queramos seguir sus pasos, pero suelo desconectar mientras asiento con cara de interés. Mi madre es cirujana en el hospital más importante de nuestra ciudad, uno de los tres mejores del país y el quinto del mundo. A ella le encanta recordarnos estos datos en cuanto tiene la menor oportunidad, de la misma forma que disfruta haciéndose la mártir por todas las cosas a las que ha renunciado por nosotras. Nos repite una y otra vez que ellos vivían en un fantástico piso en el centro de la ciudad hasta que nacimos y que, aunque ella odia la naturaleza, compraron nuestra casa en las afueras junto a un parque nacional, solo porque era un distrito 10,10,10 y querían asegurarse de que recibiéramos la mejor educación. También nos culpa de ser cirujana y no jefa de su departamento, ya que, según ella, el hecho de que no la hayan promocionado se debe al tiempo y energía que le robamos. «¿Cómo voy a ser jefa de servicio si tengo que estar todo el día pendiente de vosotras?». Papá no nos hace responsables de sus fracasos. Pero tampoco nos tiene muy en cuenta. Huye a refugiarse en su despacho en cuanto puede y siempre he pensado que parte del trabajo que le retiene en la oficina durante tantas horas, no es más que una excusa para no tener que escuchar las recriminaciones de mi madre y ver a la hija que tanto le decepciona. Respecto a Carol, durante años fue el único motivo de alegría para él. Pero cuando llegamos al instituto, ni siquiera le quedó eso. Ahora que no está, finge que nunca ha existido. Creo que es la única forma de poder soportar su ausencia.

12
Eres perfecta

Carol era preciosa. Siempre lo fue. Cuando éramos bebés, tenía la carita redonda y los brazos y piernas regordetes, lo que la convertía en adorable. Mis padres daban por supuesto que al crecer «daría el estirón» y sería alta y delgada, como todo buen líder, pero no fue así. Nunca fue gorda, pero tampoco flaca. Y jamás perdió la redondez de su cara. Esto no fue ningún obstáculo en el colegio, donde era una de las niñas más queridas, tanto por sus profesores como por sus compañeros. Pero al llegar al criadero de hienas que era el instituto, pasó de ser una niña adorable a una gorda estúpida. Mi hermana lloraba casi cada día al llegar a casa. No comprendía la competitividad que había convertido a sus «amigas» en acosadoras que usaban su bajada en el rendimiento escolar y su cuerpo, supuestamente imperfecto, como excusas para machacarla a la mínima oportunidad. Y cuanto más infeliz era, peores notas sacaba. Las notas del primer trimestre fueron catastróficas, bajando la media hasta el 6,5. Mi padre, que jamás nos había levantado la mano, le dio tal bofetón que la hizo caer al suelo y llorar durante horas. Se pasó las vacaciones de Navidad encerrada con una institutriz desde las ocho de la mañana hasta la diez de la noche. No le estaba permitido salir de la habitación, por lo que yo le llevaba una bandeja con el desayuno, la comida y la cena. Volvía media hora después y la bandeja estaba prácticamente intacta. Como consecuencia lógica, Carol comenzó a adelgazar y lo que surgió como una pérdida de apetito producto del abatimiento, se convirtió en una estrategia de supervivencia. Mi hermana dejó de comer. Aunque yo le repetía una y otra vez que era perfecta tal y como era, ella no me escuchaba. Para colmo de males, mamá estaba encantada y la animaba a seguir «haciendo dieta». No había ningún líder que no estuviera delgado, así que lo interpretó como un cambio de actitud en pos de perseguir el objetivo último de nuestras vidas. Al volver de las vacaciones, todos alabaron su nuevo aspecto, lo que sirvió para reforzar la decisión de Carol de reducir la ingesta de alimentos al mínimo necesario para no morir de inanición. Las burlas se redujeron drásticamente, ya que animada por las alabanzas de los que un mes antes la habían hecho sentir el ser más pequeño e insignificante del universo, consiguió centrarse en los exámenes y subir la media progresivamente, hasta llegar a un 8,3 a final de curso. Seguía siendo un notable, pero mis padres respiraron aliviados tras la reunión de final de curso en la que el señor Crick les aseguró que nunca había visto una remontada tan espectacular en ningún alumno, y que no le había podido poner un 9 porque después de las notas de la primera evaluación hubiera despertado un profundo malestar entre sus compañeros y los otros padres, pero que de seguir así lo haría encantado el siguiente curso.

13

Verano

Carol parecía feliz. Había conseguido un aspecto socialmente aceptable y casi había alcanzado el nivel académico esperado. Pero yo la conocía bien y vislumbraba un poso de profunda tristeza en sus ojos. Teníamos 13 años, por lo que ese verano fue el primero en el que nos enviaron a un campamento de alto rendimiento. Desde el campamento éramos llevados

todas las mañanas a diferentes empresas donde realizábamos seis horas de prácticas diarias, tras las que un autobús nos llevaba de vuelta al campamento, donde comíamos y nos dirigíamos a las instalaciones deportivas en las que dedicábamos otras cuatro horas a los deportes, que practicábamos los lunes, miércoles, viernes y domingos, y a la música los martes, jueves y sábados. Yo hacía kárate y tocaba el arpa, mientras Carol bailaba y tocaba el piano. La cena transcurría en silencio porque no nos quedaban fuerzas para hablar y nos íbamos a dormir pronto. Este tipo de campamentos reforzaban las dos cualidades principales de todo buen líder: el esfuerzo y la constancia. Las prácticas en empresas nos abrían las puertas de las mejores universidades del país, las cuales solo realizaban la primera entrevista del proceso de selección a aquellos que hablaran los tres idiomas básicos, destacaran en al menos un deporte y un instrumento y hubieran hecho prácticas laborales durante los últimos cinco veranos. En contra de todo pronóstico, fue un mes y medio maravilloso. Michael obtuvo una beca gracias a su extraordinario rendimiento (9,8 de media y capitán del equipo de baloncesto) y por fin pudimos pasar un verano juntos. Carol conoció a Steve en la empresa que le habían asignado según su nota media y su perfil, resultado de múltiples test y entrevistas que valoraban aptitudes, conocimiento, actitud y potencial. Steve venía de otro campamento, por lo que solo se veían en la oficina y únicamente tenían tiempo para tontear durante la pausa de quince minutos del café. Pero nada impidió que Carol se enamorara perdidamente del chico de prácticas del Departamento de Diseño Gráfico de la empresa, dos años mayor que ella, alto, rubio, con unos ojos color miel que la hacían estremecerse cada vez que la miraba y de una complexión atlética superior a la media, que bien podía atribuirse a su pertenencia y liderazgo del equipo de rugby de su instituto.

14
¿Qué es el amor?

Aquel verano, Michael comenzó a mirarme de otra forma. Yo fingía que no me daba cuenta, pero le pillaba a menudo observándome a hurtadillas mientras hablaba con Carol o con cualquiera. Teníamos 13 años y a mi aún me faltaban varios veranos para interesarme por los chicos de aquella forma. De modo que fingí que nada había cambiado, y me aproveché del miedo repentino que parecía sentir Michael en los pocos momentos en que estábamos a solas, para continuar con nuestra amistad tal y como había sido siempre. Mi hermana, por el contrario, no podía dejar de pensar en Steve. Cada mediodía regresaba abatida al campamento porque no volvería a verlo hasta el día siguiente, y se levantaba radiante ante la perspectiva de cruzárselo en un pasillo o coincidir durante la pausa para el café. El campamento duró seis semanas y no fue hasta el último miércoles cuando Steve le propuso a Carol que se vieran fuera de las horas de trabajo y campamento. Abandonar las instalaciones tras el toque de queda suponía la expulsión inmediata, lo cual no parecía un gran castigo a tres días de acabar el campamento. Pero papá y mamá se enterarían, y ahora que Carol había recuperado su cariño, le aterrorizaba perderlo de nuevo. Se debatió entre contentar a nuestros padres o seguir a su corazón durante casi 48 horas. Finalmente, y aunque le había repetido hasta la saciedad que no tirara por la borda todo el esfuerzo que había tenido que realizar para remontar el catastrófico primer trimestre por un chico, y que no me quería ni imaginar la reacción de nuestros padres si la pillaban, Carol se escabulló tras la cena del viernes, cruzando el bosque hasta llegar al camino donde Steve la esperaba. Tres días después, supe que aquella fue la noche más feliz de la vida de mi hermana. No lo supe antes porque al regresar, como no podía ser de otro modo, el monitor de guardia estaba esperando a Carol en la puerta de la cabaña para llevarla al despacho del director y comunicarle su expulsión inmediata. Estuvo retenida en aquel despacho hasta que llegaron mis padres, sin que pudiera verla si quiera antes de que se la llevaran a casa. No puedo imaginarme la furia que debió de desatar en mis queridos progenitores semejante acto de libertad por parte de la hija pródiga, pero debió de ser bastante peor que el bofetón que le propinó mi padre a Carol cuando bajó las notas hasta la mediocridad, pues esta no quiso ni hablar del tema a mi vuelta tan solo un día después. En Columbland no se tienen relaciones sentimentales ni afectivas hasta haber conseguido un puesto de liderazgo lo suficientemente elevado, ya que las relaciones de cualquier tipo se consideran una pérdida de tiempo y un motivo de distracción del camino que te ha de llevar hasta lo más alto. Ni siquiera está permitido confraternizar con amigos fuera del horario escolar.

15
Carol no entra en razón

A pesar de que Carol estuvo castigada el resto del verano, no volvió a perder la sonrisa. Mis padres la castigaron con la institutriz de las pasadas navidades, incluso durante la semana en que nos fuimos al Caribe. Ella tuvo que quedarse encerrada en casa, supervisada las 24 horas del día por la que, desde que fuera expulsada del campamento, se había convertido en su guardiana particular. Yo sabía que Steve venía a verla por las noches y ella se escapaba de su habitación por la ventana para poder abrazarle y besarle durante apenas 10 minutos, ya que la carcelera (como la llamábamos a escondidas) pasaba por su habitación cada 20 minutos para comprobar que estaba donde se suponía que debía estar. Tuve que rendirme a lo evidente. Carol no iba a dejar de ver a Steve, así que hice lo único que podía hacer por ella, encargarme de que mis padres no la pillaran. Le expliqué que el voluntariado que venía realizando desde hacía ya siete largos y maravillosos años, no era otra cosa que una tapadera para poder gozar de una tarde de libertad semanal que dedicaba a Michael y a Rose. Planeé cuidadosamente con Carol cuál sería su tapadera. Ella se uniría a una asociación ficticia que daba clases de ballet a niños becados que, si bien asistían a clase en los mejores distritos escolares, no podían costearse actividades extraescolares con las que ornamentar su currículum. De este modo, no sería sospechoso si alguien la veía yendo al barrio de Steve. Mis padres estuvieron encantados, ya que asumieron que esta iniciativa significaba que había dejado de perder el tiempo con aquel chico. Por el contrario, Carol disponía ahora de los lunes por la tarde para reunirse con su novio en el bosque situado a escasos 500 metros de la casa de él. Para no ser descubierta, era fundamental que no se expusieran de ningún modo. Insistí en que estudiáramos juntas el resto de tardes y fines de semana, ya que si sus notas bajaban, aunque solo fuera medio punto, saltarían todas las alarmas y su tapadera se vendría abajo. Jamás me gustó Steve, pero hacía feliz a mi hermana, y después de todo lo que había pasado, eso era suficiente.

16
El padre de Michael

El padre de Michael enfermó en otoño. Una tarde de miércoles, Rose comentó que Joe, su marido, no terminaba de curarse aquel maldito resfriado y que de seguir así tendrían que ir al médico. Después de todos los años que había pasado con ellos, sabía que algo que para cualquier líder era tan sencillo, suponía una complicación realmente costosa si pertenecías a los más bajos estratos de nuestra injusta sociedad. Una parte de los sueldos de los líderes se destinan a costear hospitales y centros de asistencia primaria con lo último en tecnología y con los médicos mejor cualificados del país. Los ciudadanos que no pertenecen a esta élite apenas ganan dinero para asegurarse la supervivencia básica y la asistencia sanitaria se considera un lujo prescindible. De modo que Joe continuó constipado durante semanas. Finalmente, ocurrió algo inaudito. Su encargado lo mandó a casa antes de la hora prevista. No paraba de toser, interrumpiendo su trabajo hasta colmar la paciencia del jefecillo. Ante la posibilidad de perder su trabajo, Joe finalmente cedió y fue al médico. Rose insistió en acompañarlo, pero este adujo que no era necesario y que además no podía correr el riesgo de perder su trabajo, ahora que su jefe estaba tan molesto con él. Joe volvió con una gran sonrisa y un frasco de jarabe bajo el brazo. El médico le había dicho que solo era un resfriado persistente y que con unos días de reposo pasaría. Los pobres no tenían «días de reposo». Solo una semana al año de vacaciones que Joe decidió pedir por adelantado para poder recuperarse. Su jefe se la concedió, solo por ahorrarse la molesta y continua tos. Fui a visitarlo en cuanto me enteré. Le dije a mamá que uno de mis niños «de bajos ingresos» tenía un examen muy importante al día siguiente y que su maestra me había pedido si, por favor, podía ayudarle con algunos conceptos que se le resistían. No le hizo mucha gracia, pero me consintió el capricho a regañadientes. Cuando llegué a mi cocina favorita, Rose removía muy concentrada una sopa, receta de su abuela para curar los resfriados, y Michael había salido a buscar hierbabuena para el guiso. «¿Cómo está?», pregunté muy angustiada. «Tranquila, Mia, es solo catarro. Si no fuera por lo quisquilloso que es su jefe, Joe estaría ahora mismo en la fábrica. Pasa a saludarlo, se alegrará de verte». La miré escéptica, pues sabía que en su mundo nadie pedía las vacaciones anticipadas, pero no dije nada. Giré sobre mis pies y di un par de pasos hasta la puerta del dormitorio que daba directamente a la cocina. Golpeé la puerta con los nudillos suavemente y una tos me respondió: «Pasa, pequeña». Joe estaba tratando de incorporarse cuando entré tímidamente en la habitación, pero la tos interrumpió sus pesados movimientos. Me acerqué a la cama rápidamente y le ayudé a ponerse cómodo antes de sentarme en la cama y cogerle la mano. Me repitió lo mismo que me había dicho su mujer unos minutos antes, pero mi cara de escepticismo le hizo reír. «A ti no hay quien te engañe, ¿verdad?» «Pues no. Dime cómo estás. Cómo estás de verdad». Negó con la cabeza sin dejar de sonreír. «¿Tan malo es?». «Me temo que sí. No se puede hacer nada. Por favor, no llores. Michael y Rose no saben nada y prefiero que siga así». «Pero, pero… ¡Tienen derecho a saberlo! ¿Y si se quieren despedir?». «Tienen derecho a ser felices. Es lo único que no nos pueden quitar a los pobres y no pienso robarles ni un minuto de felicidad. Y tú tampoco lo harás, ¿verdad?». «Lo prometo». «Buena chica. Y ahora cuéntame una de esas historias que tanto me divierten. ¿Cómo le va a tu hermana con Peter? ¿O era Henry?». «Steve, se llama Steve…».

17
Celebrando la vida

Joe murió dos días después de mi visita. Obvia-mente, Rose sabía perfectamente lo que estaba pasando, aunque nadie se lo hubiera dicho. Michael lo intuía, pero prefería creer que realmente se trataba de un resfriado. Sus hermanos, Joe y Tim, consiguieron un permiso de 48 horas para asistir al entierro de su padre. Quería acudir a la despedida de Joe y sobre todo quería estar al lado de Michael y Rose en un momento así, pero la misa y el entierro se celebraban por la mañana, a la hora en que debía estar en clase. Decidí jugármela, ya que la ocasión lo merecía. Falsifiqué una nota de mi madre, diciendo que había pasado toda la noche vomitando y que era mejor que no asistiera al instituto para evitar un posible contagio. Mi hermana Carol lo respaldó. Michael no articuló ni una sola palabra aquel día. Rose, sin embargo, mostró una entereza que no creí que fuera posible. Agradeció a todos los asistentes, que no fueron pocos, su presencia y les aseguró que Joe había sido feliz durante 53 años, por lo que no debían llorar, sino alegrarse de que hubiera tenido una vida tan dichosa. Yo jamás había acudido a una iglesia, ya que los líderes consideran la religión como un sustento psicológico al que solo se aferran los débiles. Sin embargo, ninguno de los allí presentes me pareció débil. El cura leyó algunos pasajes de la Biblia y después habló de Joe y de la buena vida que había tenido. Sus dos hijos mayores contaron anécdotas divertidas sobre su padre. Nadie habló de la vida de privaciones y de los sacrificios que habían sido necesarios para que su familia pudiera subsistir. Rose fue la última en hablar. Nos contó que se conocían desde pequeños y que al llegar a la adolescencia se habían enamorado sin apenas darse cuenta. No pude evitar lanzar una rápida mirada a Michael, que también me estaba mirando. Apartó los ojos para clavarlos en el suelo de la iglesia. Rose recordó la canción favorita de Joe y cómo la habían bailado en su juventud y durante muchos años en su cocina, cada vez que sonaba en la radio. Empezó a tararearla y, poco a poco, todos fuimos sumándonos hasta que se aproximó a Michael y bailó con él. Todos terminamos cantando y bailando. Y mientras tarareaba una canción, para mí desconocida, y bailaba con Tim, pude sentir la vida sobreponiéndose a la muerte y comprendí que aquello no era, como yo había creído desde un principio, la despedida de Joe, sino la celebración de su vida.

18
Los miércoles de Rose y Mia

Michael no volvió a ser el mismo. Su mirada se endureció e incluso cuando reía parecía mayor de lo que era. Seguía yendo los miércoles por la tarde a su casa, aunque las cosas habían cambiado sustancialmente. Como mis padres nunca habían sospechado de mi tapadera y el vecino de Michael se había hecho mayor, ya no daba clase a nadie para cubrirme las espaldas e iba directamente a casa de los Parks. Con lo que ganaba Rose limpiando las casas de los ricos no podían pagar ni siquiera el alquiler. Joe era el mayor de los hermanos y por tanto le correspondía la responsabilidad de mantener a su familia en ausencia de su padre, pero había conseguido ascender a cabo hacía menos de un año, algo que rara vez ocurría si eras pobre y menos si eras negro, por lo que fue Tim, que entonces tenía 20 años, quien dejó el ejército para ocupar el puesto de su padre en la fábrica. Nunca lo veía, igual que no había visto casi nunca a su padre, porque durante mis visitas, ellos estaban trabajando. Michael decidió que con 13 años y medio ya tenía edad para trabajar y por las tardes comenzó como «chico para todo» en las casas que su madre limpiaba por las mañanas. Cortaba el césped, arreglaba tejados y calderas, limpiaba chimeneas y cualquier cosa que los líderes no quisieran hacer con sus propias manos. Los miércoles por la tarde dejaron de ser los días para estar con Michael y Rose para ser los días que pasaba con Rose. Charlábamos sin parar sobre lo que nos había ocurrido durante la semana. Decidió que había llegado la hora de enseñarme a cocinar, ya que nadie lo haría en mi casa. Eso era trabajo de la «chica» que limpiaba la casa. Pronto descubrí que lo odiaba. Nunca se lo dije a Rose, porque temía que se ofendiera, pero debió de adivinarlo, como siempre hacía, porque cambió los guisados por tartas y galletas y aquello sí me hacía disfrutar en la cocina. Comencé a llevar parte de las galletas y pasteles a casa, diciendo que me lo daban las madres de mis alumnos como agradecimiento a mi labor. Mi madre se hubiera muerto si hubiera sabido que estaba comiendo una tarta de ruibarbo que había elaborado su hija con sus elitistas manos.

19
Oh, blanca Navidad

Aunque la religión no formara parte de nuestras vidas, sí lo hacían las festividades que tuvieron su origen en el cristianismo y que se habían convertido en celebraciones profanas. Mamá obligaba a la chica que realizaba las tareas del hogar y cocinaba a hacer una limpieza a fondo de la casa, de unos 450 metros cuadrados de superficie, el 23 de diciembre, para poder dedicarse a la cena de Nochebuena sin ninguna distracción. Mientras la chica cocinaba (no supe que su nombre era Guadalupe hasta los días que siguieron a la muerte de mi hermana), mi madre me obligó a acompañarla a la ciudad a hacer las compras de los regalos de Navidad. Odiaba ir a los centros comerciales y más aún un 24 de diciembre por la mañana. Estaban abarrotados de familias de líderes ansiosas por derrochar su dinero en ostentosos regalos que evidenciaran que formaban parte de la élite, y que podían permitirse gastar fortunas en banalidades para demostrar el afecto que no manifestaban de ninguna otra manera a sus seres queridos. Los miraba con una mezcla de lástima y asco e imaginaba que sus cuerpos, recubiertos por elegantes ropajes, no eran más que una cáscara vacía que se rompería en mil pedazos si alguien ejerciera la más mínima presión sobre ella. Vacíos. Así estaban todos los que me rodeaban. Compramos un reloj de oro para papá, unos zapatos de edición limitada de un famoso diseñador para Carol y un collar horrendo para mí. Mamá confiaba en que papá se acordara de la gargantilla de diamantes que habían visto el mes pasado en un escaparate, al salir de una cena para recaudar fondos que organizaba el hospital donde ella trabajaba. Por fin salimos por la puerta, con mamá feliz como solo lo era cuando gastaba semejantes cantidades de dinero. Giramos a la derecha de la salida del exclusivo centro comercial y casi nos tropezamos con un anciano vagabundo que estaba sentado en la acera. La ropa que llevaba parecía tan vieja y sucia como él y estaba llena de costuras que trataban de remendar con cierta dignidad una escasez inconcebible en mi mundo. Nos miró directamente a los ojos y levantó un vaso de cartón ennegrecido y roto en nuestra dirección. Durante varios segundos nos quedamos paralizadas. No es que nunca hubiésemos visto una persona sin hogar, que es la expresión correcta para vagabundo, es que no habíamos visto a nadie pedir limosna sin hacer algo que le hiciese merecedor de ella. No sé cómo será en otros países, pero en Columbland el esfuerzo lo es todo. Las personas sin hogar cantan en la calle, hacen trucos de magia o bailan, pero jamás piden dinero sin hacer algo para merecerlo. Era la primera vez que veía un mendigo que confiaba en que la bondad humana sería suficiente para granjearle unas cuantas monedas que le permitieran cenar esa noche. Era obvio que no llevaba mucho tiempo en nuestro país o de otro modo habría pensado en algo que hacer para «merecerse» una limosna. Sentí una profunda tristeza y empatía por aquel hombre que creía en la bondad que yo solo había visto en los barrios pobres. Le sonreí y cuando me llevaba la mano al bolsillo para buscar un par de monedas, mi madre me agarró la mano y muy indignada me arrastró por la acera mientras gritaba: «¡Ni se te ocurra! ¡Habrase visto semejante desfachatez! ¡Pretender que le den limosna sin ganársela! ¡¿Y tú?! ¡¿Ibas a dársela?! ¡¿Crees que a tu padre o a mí alguien nos ha regalado algo?!».

20
Primer San Valentín

A finales de enero, Carol ya estaba planeando cómo iba a ser su primer San Valentín. Solo los adultos celebraban el día de los enamorados, ya que antes de haber logrado el objetivo primigenio de nuestras miserables vidas no se tenía tiempo para el amor. Y aun entonces no era algo ingenuo y apasionado como la relación de mi hermana. Ni siquiera se parecía a las parejas que había conocido en el barrio de Michael. Era más una transacción comercial. Debías encontrar a alguien del sexo opuesto (ya que procrear nuevos líderes era el fin último de tener pareja) con unos ingresos anuales acordes a los tuyos y con una diferencia máxima de edad de 5 años. No era demasiado complicado. En San Valentín, los restaurantes se llenaban de parejas que fingían quererse durante silenciosas cenas y plasmaban este amor con una joya cara. Evidentemente, Carol y Steve no iban a cenar en un sitio público, ni tenían ingresos propios, por lo que no podrían reflejar su amor con un colgante o unos gemelos. Pero ella se las ingenió para ir escondiendo en el bosque los objetos que constituirían el atrezo perfecto para una cena las semanas previas a San Valentín: un candelabro con una vela, una tela que haría las veces de mesa, cubiertos, etc. El 14 de febrero cayó en miércoles, por lo que Carol hubo de convencer a mamá de que esa semana se vería obligada a cambiar las clases de ballet del lunes al miércoles, ya que había un brote de gripe (erradicada hacía décadas en nuestros distritos) en los barrios pobres y aún estando vacunada, era mejor esperar un par de días a que pasara lo peor. Mamá no quería que se arriesgara tampoco el miércoles, pero Carol adujo que si faltaba a su compromiso con los niños de bajos ingresos, podrían expulsarla del programa de voluntariado, lo que supondría una mancha en su currículum. Nunca me había gustado Steve, aunque no tenía una razón objetiva. Era más bien una sensación. La sensación que te produce alguien que oculta algo, que no es lo que aparenta ser. Y ese día, por primera vez, supe que no estaba equivocada. Carol llegó a casa llorando y corrió escaleras arriba a encerrarse en su cuarto. Traté de hablar con ella, de averiguar qué había pasado, pero solo conseguí que dijera una y otra vez: «Soy una estúpida».

21
Primavera

La primavera siguió al invierno y tras unos días de silencioso abatimiento, Carol volvió a sonreír. No quiso contarme qué había sucedido aquel día, pero sí que lo habían arreglado y que su relación era más fuerte que nunca. Supe instintivamente que esa afirmación era la forma de mi hermana de autoengañarse, tratando de sentir seguridad ante una situación que no lo era, así que sonreí y le dije: «Me alegro». Por mi parte, seguía disfrutando de los miércoles por la tarde con Rose y de nuestras charlas mientras hacíamos galletas de jengibre o cualquier otra receta que había pasado de madres a hijas durante generaciones en la familia Parks. Michael estaba siempre trabajando. La muerte de su padre lo había hecho encerrarse en sí mismo, alejándolo de mí. Tim solía llegar a casa unos diez minutos antes de que tuviera que marcharme. Comía de pie, delante de la cinta transportadora de la cadena de montaje de la fábrica, para no perder tiempo y poder llegar antes a casa y ayudar a su madre. Me hacía sentir invisible. Siempre le saludaba con una gran sonrisa y un «¡Hola, Tim!» cuando entraba por la puerta, pero él agachaba la cabeza, escondiendo la barbilla en el cuello de su chaqueta, cogía a su madre por el hombro y le daba un beso en la mejilla. Rose solía decirme, cuando él no estaba, que era tímido y que no se lo tuviera en cuenta, pero yo sabía que no era ese el motivo de su falta de educación. Era obvio que yo no le caía bien. Debía molestarle el hecho de que una niña blanca y rica pasara tiempo con su madre.

22
De nuevo, verano

El curso había terminado y ya teníamos 14 años. Quedaba poco para julio y mi hermana estaba sumida en la angustia porque aún no sabíamos a qué campamento de alto rendimiento iríamos, por lo tanto, no sabía si podría ver a Steve durante seis largas semanas. Nuestros padres querían asegurarse de que esta vez nos enviaban a un lugar donde no fuera posible un fallo en la seguridad que nos permitiera escabullirnos en mitad de la noche, lo que finalmente nos llevó a un campamento gestionado por el Ministerio de Defensa, en el que haríamos las prácticas en las oficinas de Seguridad Nacional en vez de en una empresa privada. Nos sometían a recuentos cada dos horas, también por las noches, y corríamos una hora antes de desayunar y una hora antes de irnos a dormir. Carol se desmayó todos los días durante la primera semana. Ingería los alimentos justos para poder aguantar las clases de ballet, por lo que su cuerpo no podía soportar aquel exceso de actividad física y de falta de sueño. Conseguí que entrara en razón a regañadientes y que añadiera a su escasa dieta una fruta y un puñado de frutos secos antes de cada carrera. Se me rompía el alma viendo cómo Carol se castigaba física y psicológicamente. Por desgracia, no era la única. La mayoría de nuestros compañeros de instituto estaban dispuestos a hacer lo que fuera por encajar y no lo consideraban un sacrificio, sino un mérito, una demostración de su capacidad de esfuerzo. Michael volvió al campamento donde habíamos estado el verano anterior. Me alegré de que él no tuviera que pasar por aquel infierno, pero no me quedó nadie con quien hablar de la miserable vida a la que nos habían condenado nuestros queridos padres. Fuera de eso, no lo eché de menos tanto como creía. Nos habíamos distanciado lo suficiente como para que su ausencia fuera más natural que su presencia. Fue el verano más largo de nuestras vidas. Por fin, el campamento terminó y regresamos a casa. Nuestra madre estaba entusiasmada por lo delgadas y atléticas que estábamos. Papá, tan contenido como siempre, nos dio la bienvenida y nos recordó que al día siguiente partiríamos, como cada verano, al Caribe, para que todos pudiéramos disfrutar de la única semana de vacaciones que tenían mis padres, como buenos líderes que eran, en todo el año.

23
Curso nuevo, vida nueva

El comienzo de curso fue, cuando menos, extraño. Carol, que no estaba dispuesta a perder el cuerpo delgado y fibroso que había conseguido en el campamento, se levantaba una hora y media antes cada mañana para ir a correr. Los chicos empezaron a mirarla con otros ojos. No me gustaba la idea de que su autoestima dependiera de una delgadez excesiva para mi gusto, ni del interés que esta despertaba en los chicos, pero tenía la esperanza de que la atención que recibía de nuestros compañeros la animara a zanjar su relación con Steve. Por desgracia, el verano que habían pasado separados no había hecho sino reforzar los sentimientos de mi hermana. Continuaron viéndose, y aunque ella se dejaba lisonjear por otros, nunca mostró un interés real por nadie que no fuera su novio. Michael había conocido a una chica en su campamento. Maggie era una inteligente y preciosa estudiante becada de otro distrito pobre. Por suerte para ellos, las familias de bajos ingresos no tenían ningún problema con las relaciones personales y en vez de considerarlas una pérdida de tiempo, las veían como una oportunidad para unir fuerzas y constituir un equipo con mayor solidez de la que podían tener dos individuos por separado. Me alegré profundamente por Michael. El curso pasado había sido muy duro y se merecía ser feliz. Al mismo tiempo sentía envidia, pero no de él o de Maggie, sino de sus familias, que eran partícipes de la felicidad de sus hijos. Mi hermana, por el contrario, había tenido que buscarse una coartada consistente y sabía que sobre su cabeza pendía la espada de Damocles. Rose se alegraba por Michael e invitaba a Maggie a cenar a casa todas las semanas. Seguí yendo los miércoles por la tarde y Michael continuó trabajando, por lo que pasaba la tarde con Rose. Un día le pregunté si le molestaba que fuera una vez a la semana y le hiciera perder el tiempo. Rose me respondió que estar conmigo no era ni remotamente una pérdida de tiempo y que además, le daba la excusa perfecta para olvidarse durante un rato de las labores del hogar, las cuentas y demás preocupaciones. Creo que sabía muy bien que ella era mi refugio. De no ser por su compañía, probablemente no habría sobrevivido. Literalmente. Tim seguía apareciendo en silencio un rato antes de que me marchara, pero ahora lo hacía veinte minutos antes de que tuviera que volver a casa. No sé de dónde sacaba el tiempo, pero probablemente se levantara aún más temprano para entrar antes. Los turnos de la fábrica estaban controlados con una exactitud propia de una prisión de máxima seguridad. En el instituto, la presión no hacía otra cosa que aumentar. Solo quedaban cuatro cursos para la universidad y la mayoría de nosotros no conseguiría entrar en una de las tres mejores del país, de modo que no nos quedaba más remedio que ser excelentes en todo. Carol y yo teníamos una buena media, pero la señora Door, nuestra nueva tutora, les aconsejó a nuestros padres que aumentaran las horas tanto de las clases de refuerzo como de estudio individual para ayudarnos a obtener el máximo rendimiento posible.

24
La niña de papá

Llegó el Día de los Líderes, que no era otra cosa que una visita a los trabajos de nuestros padres. La finalidad no era que los conociéramos mejor o que se estrechara nuestra relación familiar, sino ponernos una zanahoria delante para que siguiéramos caminando. Nuestra vida consistía en ir al instituto, a clases particulares de repaso, música y deporte, dormir poco, comer menos y no desperdiciar ni un minuto en cualquier cosa que nos impidiera ser los mejores en todo. Era una vida agotadora física y mentalmente, y de vez en cuando el instituto se inventaba estímulos para que fuera algo más soportable. Obviamente, se celebraba durante el fin de semana, para que no perdiéramos clase. Papá y mamá estaban emocionados. Estaban convencidos de que verlos trabajar nos resultaría inspirador y no querríamos otra cosa que emularlos. Carol estaba entusiasmada. Yo solo sentía curiosidad, ya que nuestros padres no acostumbraban a compartir prácticamente nada con nosotras. Nos pusimos nuestros mejores vestidos y nos peinamos con esmero. Estábamos listas antes de que papá se tomara su café. Primero iríamos a su empresa y después de comer al hospital de mamá. Subimos al deportivo de papá y en unos cuarenta y cinco minutos

estábamos entrando por la puerta del edificio que albergaba su empresa y muchas otras. El portero lo saludó por su nombre, pero mi padre no hizo el menor ademán de haberlo oído. Supuse que al ser fin de semana, solo acudirían a trabajar los altos ejecutivos, pero cuando subimos en el ascensor estaba atestado de hombres y mujeres con trajes grises y peinados perfectos. Al bajar del ascensor recorrimos un pasillo muy largo hasta llegar a un gran despacho que nos enseñó mi padre con orgullo. Se sentó en su sillón de piel negro tras un escritorio de cerezo. Sobre este había un ordenador portátil, un teléfono fijo y una pila de carpetas pulcramente ordenadas. No había ningún rastro de su vida fuera del trabajo. Ni fotos de nuestra familia ni una triste taza del día del padre. La moqueta del suelo era gris, como todo en aquella sala. La cristalera que ocupaba toda la pared trasera y a través de la que se veían los rascacielos más importantes de la ciudad le confería algo de calidez a un lugar que era frío e impersonal. Mi padre estaba henchido de orgullo. Nos explicaba que cuanto más alto se está en la jerarquía de la empresa, más grande es tu despacho y mejores son las vistas. Todo aquello me parecía absurdo e insustancial. Carol, sin embargo, estaba extasiada. Hicimos un recorrido por toda la planta. Algunos trabajadores aprovechaban las primeras horas del día para ponerse en forma en el gimnasio de la empresa mientras otros planificaban su jornada laboral. No parecía haber mucha diferencia entre un domingo y un lunes en aquel lugar. Papá nos presentó a sus jefes y les informó de nuestra nota media y nuestro rendimiento deportivo y musical, así como de las actividades de voluntariado que realizábamos. Me sentí como cuando era pequeña. Recordé el día en que nos habían castigado por comer brownie en vez de estarnos quietecitas y sonreír. Volvimos a su despacho y nos dio una explicación completa de cómo funcionaban las inversiones que hacía. Me resultó profundamente aburrido. Por fin llegó la hora de comer. Papá nos informó de que como era un día especial iríamos a la cafetería de la empresa a comer un sándwich, pero que cualquier otro día, se hubiera comido ese mismo sándwich delante del ordenador mientras trabajaba para no perder el tiempo. Cuando terminamos de comer, nos acompañó hasta la calle, donde mamá nos esperaba para llevarnos al hospital. Carol rodeó a papá con sus brazos y casi en un susurro, para que mamá no la oyera, le dijo: «Espero poder ser como tú algún día». «Lo serás, mi niña, lo serás», le contestó él en voz aún más baja.

25
Tengo un plan

Mamá no paró de hablar durante todo el camino. Nos explicaba lo importante que era su trabajo y las vidas que salvaba a diario. Aunque ella trabajaba en urgencias, pensó que nos encantaría ver el ala de neonatos, donde estuvimos más de una hora viendo bebés a través de un cristal y escuchando a enfermeras que nos contaban lo increíble que era la experiencia de traer una nueva vida a este maravilloso mundo. A Carol todo aquello le parecía de lo más adorable. Yo, por el contrario, no podía dejar de pensar en Rose, que había tenido que traer a sus hijos al mundo en casa, sin ningún tipo de atención médica, como todas las mujeres de los barrios de bajos ingresos. Por fin mamá vino a por nosotras y nos llevó a urgencias. Allí fuimos a ver a algunos clientes, mientras nos explicaba su dolencia y cómo ella iba a salvarles la vida. Por el camino iba saludando a cualquier persona que trabajara en el hospital y le explicaba que éramos sus hijas y que habíamos ido para conocer su trabajo a fondo. De repente, nos presentó a un cliente que no paraba de toser. Nos explicó que tenía cáncer de pulmón y que iban a hacerle un trasplante que le salvaría la vida, tras el cual recibiría un tratamiento experimental que estaba revolucionando la recuperación de los pacientes oncológicos. Esa tos... era idéntica a la de Joe. Me quedé petrificada, pensando que si la familia de Michael no fuese pobre, Joe seguiría vivo. Cuando volvimos al pasillo, no pude contenerme y le pregunté a mamá qué le pasaría a ese hombre si no tuviera un buen sueldo que le asegurara todos los tratamientos que necesitaba. Mi madre me miró como si acabara de hacerle la pregunta más estúpida del mundo. «No tengo ni idea de qué hacen las personas de bajos ingresos cuando enferman, Mia. Y la verdad es que no sé por qué te interesa. Creo que no has escuchado nada de todo lo que te he explicado». El miércoles siguiente llegué a casa de Rose casi sin aliento. Había estado dándole vueltas a aquello desde el domingo y no podía esperar ni un minuto más para contárselo. Entré en la cocina como una exhalación, pero Rose no estaba allí. En su lugar estaba Tim, sentado en la mesa, tomando un café. Me quedé inmóvil durante unos segundos. Antes de que pudiera decir nada, Tim me informó de que su madre se había ido a hacer unos recados y que no tardaría. Me ofreció una taza de café, pero le dije que no quería molestarle y que regresaría más tarde. Insistió en que no era molestia y dijo: «Pasa y cuéntame eso tan importante». Puse cara de no comprender de qué me hablaba y me dijo que había entrado como si mi casa estuviera ardiendo o como si tuviera algo muy importante que decir, y que teniendo en cuenta el barrio en el que vivía, lo segundo era más probable. Me senté y tuve que beber un par de vasos de agua para recuperarme de la carrera que me había llevado hasta allí. Sinceramente, estaba segura de que cualquier cosa que le contara a Tim le iba a parecer una estupidez de niña rica y que no le iba a interesar lo más mínimo. Pero insistió, así que le conté la excursión del Día de los Líderes. Le hablé sobre lo que había visto y lo que había pensado al respecto. Lo absurdo que me parecía todo. Le hablé del hombre que me recordó a su padre y por fin llegué a mi plan. No me quedaba otra opción que seguir el camino de mis padres e ir a una de las mejores universidades del país. No sé de qué serían capaces mis padres si no lo conseguía... Estudiaría Medicina, lo que haría a mi madre todo lo feliz que podría hacerle cualquier cosa que tuviera que ver conmigo, y luego montaría una clínica gratuita en un barrio de bajos ingresos para que familias como la suya tuvieran acceso a la sanidad. Tim suspiró y me miró divertido: «Eso es muy bonito, pero ¿de dónde vas a sacar el dinero para una clínica si tus clientes no la pueden pagar?» «No serían clientes, serían pacientes. Y aún no lo sé, pero podría trabajar en un hospital destinado a la élite y usar parte de mi sueldo para financiar la clínica». «Por mucho que ganaras, tú sola no podrías financiarla ni en un millón de vidas, pero si lo consigues, estaré encantado de ser tu primer paciente». Rose entró en aquel momento con una pesada bolsa colgada del hombro. Tim se apresuró a cogerla y yo a dejarme abrazar y besar por lo más parecido a una madre que tenía. Me dijo que había olvidado por completo que era miércoles y me pidió disculpas. Tim desapareció sin que lo advirtiera y cuando me disponía a contarle a Rose mi plan, me hizo ver que ya era la hora de marcharme. La abracé y la besé, prometiéndole volver el miércoles a la hora de siempre y contárselo todo.

26
Las relaciones son así

A menudo sorprendía a Carol llorando los lunes por la noche. Era evidente que algo tenía que ver con Steve, porque era el día en que hacía «voluntariado», pero ella se excusaba diciendo que estaba agobiada por el próximo examen o que había discutido con una amiga. Por fin, una de esas noches de lágrimas, conseguí que se sincerara conmigo. Tal y como imaginaba, el causante no era otro que Steve. Por lo que Carol me estuvo contando, pude ver que lejos de lo dulce que aparentaba ser, tenía un carácter de mil demonios. Solía montar en cólera por cualquier cosa que hiciera o dijera mi hermana. Si hablaba mucho, porque se pasaba el día hablando y no le escuchaba, si no hablaba, porque algo querría ocultarle. Carol intentaba una y otra vez adivinar cómo debía comportarse para que Steve no se sintiera molesto. Estaba convencida de que el problema no era él, sino ella, que no sabía llevarlo. La había convencido de que pasase lo que pasase era su culpa y de que debía sentirse agradecida de que alguien como él, que podía estar con la chica que quisiera, la hubiera elegido a ella. Con toda la calma de la que era capaz viendo así a mi hermana, traté de hacerle ver lo maravillosa y especial que era y que de ningún modo tenía por qué aguantar que Steve, ni nadie, la tratara así. Le dije que estaba segura de que ella encontraría a alguien que la quisiera tal y como era, que la respetara y la hiciera sentirse bien con ella misma y no mal, como era obvio que hacía su novio. Carol no quiso escucharme. Me dijo que yo no lo conocía y que tenía muchas cosas buenas, que si no, no estaría con él, que estaba muy enamorada, que él la quería mucho y quería lo mejor para ella, por eso tenía que enfadarse a veces, porque ella era muy cabezona y en ocasiones no se daba cuenta de lo que le convenía. Que yo no lo podía entender porque no tenía novio, pero que la relaciones eran así y que había que aguantar.

27
Tim

Y así pasó casi todo el curso. Estudié e hice más deporte que nunca, ya que me había propuesto entrar en una de las tres mejores facultades de Medicina del país, mientras veía a mi hermana sentirse cada vez más desdichada. Los miércoles continuaba yendo a ver a Rose, aunque incomprensiblemente olvidaba qué día era a menudo y en su lugar me encontraba a Tim. Resultó que yo no le caía tan mal como creía. Poco a poco fuimos conociéndonos, aunque yo hablaba siempre más que él. Me contaba anécdotas del ejército y también de cuando eran pequeños. Me hablaba de Michael, con el que apenas tenía ya relación, pues estaba demasiado ocupado entre los estudios, el deporte, el trabajo y Maggie como para dedicarme tiempo. También soñábamos en voz alta con mi clínica, que se había convertido en nuestra clínica. Yo me encargaría de la parte médica y él de la administrativa. Y así cumplimos los quince años Carol y yo. Ella triste casi siempre y yo más feliz desde que tenía un objetivo por el que mereciera la pena ser una líder. No negaré que el hecho de que Tim soñara conmigo en voz alta me hacía cierta ilusión, pero por aquel entonces lo atribuía al hecho de tener un motivo por el que levantarme por las mañanas y una persona con la que compartirlo. En mi mundo solo se compartían cifras: notas, porcentajes de ventas, etc. Tanto olvido de Rose llegó a preocuparme y cuando se lo comenté a Tim, se rio y me dijo que su madre tenía la cabeza mejor que nosotros dos juntos. No entendí nada, pero no quise insistir.

28
La vida se para en verano

De nuevo llegó el verano. Mis padres, que habían visto cómo mi nota media subía y mi peso bajaba y que mi hermana estaba más delgada que nunca, además de no escaparse por ahí para perder el tiempo tonteando, nos enviaron al mismo campamento de alto rendimiento del Ministerio de Defensa que el verano anterior. Fue igual de horrible que la última vez, pero el saber lo que me esperaba, junto con soñar despierta con mi clínica, hacía que todas las cosas terribles y absurdas de mi vida tuvieran algo de sentido. A menudo me sorprendía a mí misma imaginándome en la cocina de casa de los Parks, contándole a Tim lo que me había pasado aquel día. Me decía que pensaba tanto en él porque era mi futuro socio y con él compartía mi sueño. ¿Qué iba a ser si no? Además, él tenía veintidós años y yo solo quince, dos más de la diferencia aceptada en las parejas de la clase alta, por no hablar del hecho de que proveníamos de mundos radicalmente opuestos. Parecía que al final, algunos de los valores que mis padres se habían esforzado tanto en inculcarme, habían calado más hondo de lo que yo podía suponer. Sea como fuere, por primera vez, un verano se me hizo corto. A mi hermana, por el contrario, se le hizo eterno. Parecía que cuanto peor la trataba Steve, más dependía de él. Lloraba todas las noches. Unas veces me permitía consolarla, otras prefería llorar sola en su litera hasta dormirse. Cuando se separaba de Steve, para ella la vida se detenía. Yo albergaba secretamente el mismo deseo que el año anterior por aquellas fechas: que Steve conociera a otra que le gustara más y dejara a mi hermana, ya que la situación inversa no parecía probable.

29

Ruptura

No hubo suerte y Steve siguió con Carol después del verano. Un día, al comienzo del otoño, entré en la habitación de mi hermana para cogerle una camiseta, creyendo que estaba estudiando en la buhardilla. La sorprendí cambiándose de ropa y aunque se dio mucha prisa en ponerse una camiseta de manga larga, pude ver claramente unos cardenales en su brazo izquierdo. Le pregunté qué le había pasado y me dijo que probablemente se habría tropezado con la barra de la clase de ballet. Era evidente que mentía, pero no podía obligarla a decirme la verdad. Poco antes de Navidad, entré en el baño que compartíamos para lavarme los dientes. Ella acababa de salir de la ducha y la toalla no era lo suficientemente larga como para taparle del todo el moratón que tenía en el muslo. Me quedé mirándola y antes de tener tiempo de preguntar, me dijo que se había caído corriendo. Sabía que jamás reconocería que era Steve el causante de aquellas marcas. Por el bien de mi hermana, no podía consentir bajo ningún concepto que esa relación continuara, pero no tenía ni idea de cómo impedirlo. Pensé en ir directamente a mi madre y decirle que los lunes por la tarde Carol no estaba dando clase de danza a niños pobres, sino dándose el lote con su novio. Pero sabía que mi hermana no me lo hubiera perdonado jamás. Lo único que podía hacer era pensar en la forma en que mis padres los sorprendieran de forma «casual». Se lo conté todo a Rose y le pedí consejo sobre cómo hacer que los cogieran *in fraganti*. Ella, que siempre tenía solución para todo, me propuso lo siguiente: llamaría a mi casa el lunes por la mañana, hora a la que nunca había nadie y dejaría un mensaje en el contestador haciéndose pasar por la coordinadora del voluntariado de danza del que, supuestamente, formaba parte mi hermana. Llamaría porque estaba preocupada por Carol, ya que hacía dos semanas que no asistía a las sesiones de los lunes, y se despediría diciendo que la esperaba esa tarde en el festival de danza que se celebraría en el salón de actos del instituto Sean O'Leare, al que casualmente asistía Steve. Así lo hizo, y mi madre al escuchar el contestador, no pudo sino preguntarse qué habría estado haciendo su hija favorita los últimos dos lunes. Mi padre y ella decidieron ir al festival de danza para comprobar si Carol asistía, tal y como había supuesto Rose que harían. De camino al instituto, mis padres vieron a Carol desde el coche, sin que esta se diera cuenta, y la siguieron hasta verla entrar en el bosque. Bajaron del coche y siguieron sus pasos a cierta distancia para llegar justo en el momento en que mi hermana se arrojaba a los brazos de Steve para comérselo a besos. Se marcharon sin que mi hermana hubiera advertido su presencia. Llegué a casa después de las clases y subí directamente a estudiar. Carol no llegó hasta poco antes de la hora de cenar, como cada lunes. Mis padres se comportaron como siempre, lo que me hizo suponer que, o no habían escuchado el mensaje, o no habían ido a ver el festival de danza. Nos sentamos a cenar y mi madre nos preguntó cómo nos había ido el día. Le dijimos que bien, gracias, como cada noche, y entonces ella se giró hacia mi hermana y le preguntó cómo iba su voluntariado. Carol contestó que genial y mi madre le preguntó: «¿Los ensayos de ballet son en la escuela Sean O'Leare?». «No, mamá. Son en la escuela Martin...». Mi alarma mental saltó al mismo tiempo que mi hermana recibía un sonoro bofetón. Dudé de si había sido lo más conveniente cambiar una violencia por otra, pero por muy despreciables que fueran mis padres, sabía que la cosa no pasaría de un bofetón y unas horas extra de estudio y castigo. Steve estaba destrozando a mi hermana por dentro y por fuera. Carol me miró sorprendida y yo encogí los hombros poniendo cara de «no tengo ni idea de lo que pasa». Carol se enfadó conmigo, pero logré convencerla de que yo no tenía nada que ver con que la hubieran descubierto, ni sabía cómo había podido suceder. Las mentiras y la pérdida de tiempo se hicieron merecedoras de volver a contratar a una carcelera, como habíamos bautizado hacía más de dos años a la institutriz que no había dejado a mi hermana ni a sol ni a sombra, después de que un monitor descubriera que se había escapado del campamento durante la noche para lo que fue su primera cita con Steve. Esta vez no se conformaron con que la despertara cada veinte minutos durante la noche. Mis padres compraron otra cama para Marta, que así se llamaba la carcelera, y la pusieron junto a la de Carol. Lloró durante mucho tiempo por la pérdida de Steve. Sabía que era lo mejor que podía haber hecho por ella, aunque jamás reconocería que había tenido algo que ver con su ruptura forzosa.

30
Amor

El miércoles siguiente fui a casa del vecino de Michael a darle clase. Estaba segura de que mis padres me seguirían para averiguar si tenían una hija díscola o dos. Seguro que mi madre se sintió muy lista haciendo de espía, convencida de que nadie la había visto. Rose la vio desde la ventana de su cocina escondiéndose tras los árboles y mirando por la ventana de la casa en la que se suponía que daba clase todas las semanas. Siempre supuse que mi hermana, en lo más hondo de su ser, tenía que saber que había sido yo quien acabó con su relación. Sin embargo, nunca se chivó a mis padres de lo de mis miércoles. Los miércoles con Michael, que habían pasado a ser los miércoles con Rose, para convertirse en los miércoles con Tim y/o Rose, dependiendo del día, acabaron siendo los miércoles con Tim. En algún momento, no sé muy bien cuándo, fui capaz de reconocer ante mí misma que me había enamorado de él. No obstante, estaba convencida de que alguien de su edad no podría sentir nada similar por alguien de la mía y que, por lo tanto, me vería como a una hermana pequeña. Ese año, mi decimosexto cumpleaños cayó en miércoles. Tim me estaba esperando, sentado en la mesa de la cocina, como siempre, pero esta vez con una pequeña caja envuelta en papel de regalo. No dijo nada, tan solo sonrió y señaló la caja con la mano. Me senté y la abrí con manos temblorosas. No podía creerlo. ¡Era un fonendoscopio! Aquello debía de haberle costado a Tim una fortuna, teniendo en cuenta lo escaso de su salario y, por ende, de sus ahorros. Me sentí tan agradecida y emocionada, que sin pensarlo me lancé a abrazarlo muy fuerte. Sentí los latidos de su corazón acelerado y cuando conseguí convencerme de soltarlo, nos separamos tan lentamente que sin saber muy bien cómo, nuestros labios se encontraron. Nos besamos durante largo rato y cuando recuperamos la capacidad del habla, comencé a parlotear a una velocidad de vértigo. Le dije que estaba loca por él y que quería que estuviéramos juntos y que dentro de unos años fundaríamos una clínica en su barrio y mil cosas más que no recuerdo. Me dejó hablar, como hacía siempre y cuando terminé, sonrió y me dijo: «Mia, te quiero. Ha sido así desde que bailamos juntos en el funeral de mi padre». En ese instante comenzó la época más feliz de mi vida. Cada miércoles iba a casa de los Parks y Tim me estaba esperando. Como no existía la más remota posibilidad de que nadie de mi mundo fuera a ese barrio, pude saber lo que sentía una pareja realmente enamorada. Una tarde a la semana podía disfrutar de mi amor con Tim sin tener que esconderme. Paseábamos, tomábamos un helado, charlábamos de mil cosas y nos besábamos apasionadamente. Así debía ser el amor. Es cierto que algunos de sus vecinos nos miraban curiosos, pues aunque llevaba años yendo a casa de aquella familia nunca me había dedicado a pasear por el barrio y que una chica rica y blanca tuviera un romance con un chico pobre y negro era, cuando menos, sorprendente.

31
Tregua estival

El curso estaba a punto de terminar. Carol había jurado y perjurado que no volvería a enamorarse, pero ya no parecía un alma en pena. Había vuelto a sonreír. Por mi parte, no podía dejar de pensar en Tim. Carol nunca supo nada de él. Aunque estaba absolutamente segura de que provocar su ruptura con Steve era lo mejor que podía haber hecho, no me parecía justo restregarle mi relación cuando a ella le había costado un mundo recuperarse de la suya. Mi hermana vivía bajo el yugo de la pobre Marta, que la acompañaba hasta la puerta de su clase y la estaba esperando allí a la hora de volver a casa. La seguía a todas partes. Cuando necesitaba ir al baño, se quedaba esperando tras la puerta. Obviamente, la asistencia de personal externo al campamento de alto rendimiento del Ministerio de Defensa no estaba permitida, por lo que pudimos librarnos de ella durante seis semanas. Hablo en plural porque mi hermana y yo lo hacíamos prácticamente todo juntas, por lo que su carcelera era en parte también la mía. El campamento ya no nos pareció tan malo ni tan severo. Fue casi una liberación. Por primera vez supe en carne propia qué significaba estar seis semanas separada de la persona a la que más amas sobre la faz de la tierra. No pude permitirme llorar ni lamentarme porque mi relación era clandestina, por lo que nadie podía ni tan siquiera imaginar que estuviera enamorada. Por increíble que pueda parecer, mis padres decidieron darle a Carol una tregua de una semana, arguyendo que los informes del campamento no podían ser mejores y que querían premiar su buen comportamiento liberándola de Marta durante nuestras vacaciones anuales en el Caribe. Estaba segura de que aquel acto de generosidad paternofilial no se debía a otra cosa que a las ganas que tenían mis padres de disfrutar de sus vacaciones sin intromisiones. No debía de andar muy desencaminada, pues jamás volvimos a verla.

32
Cuando me dejes

Por fin llegó septiembre, y con él, las tardes de los miércoles. Hacía unos cinco meses que Tim y yo estábamos juntos y nuestra relación no hacía otra cosa que fortalecerse. Al contrario que Carol y Steven, nunca discutíamos. No es que estuviéramos de acuerdo en todo, ni mucho menos, pero nos queríamos y nos respetábamos y eso era suficiente. O al menos, eso creía yo. Una tarde de otoño, mientras paseábamos pisando las hojas secas que invadían las aceras, Tim me dijo: «Sé que crees que podemos superar todos los obstáculos, pero no es así. Mientras tú quieras, estaremos juntos, pero sé que llegará el día en que conocerás a alguien de tu clase, con el que podrás hacer realidad tus sueños y lo nuestro se acabará. Estoy dispuesto a correr ese riesgo y a amarte mientras pueda, pero cuando me dejes, y recuerda bien esto, quiero que no te sientas culpable. Siéntete feliz de lo que hayamos compartido hasta ese momento». Pasé de la estupefacción a la ira: «¿Feliz? ¿Que me sienta feliz? ¿Eso es lo que crees? Que soy como mi madre, ¿verdad? Que solo quiero alguien que me garantice una vida llena de lujos, comodidades y desdicha. ¡¿De verdad me conoces tan poco?!». Me di media vuelta y comencé a correr como alma que lleva el diablo. Tim me llamó, pero no paré hasta llegar al bosque que estaba a escasos minutos de mi casa, en el que me resguardé para poder llorar sin ser vista. ¿Cómo podía Tim quererme y al mismo tiempo creerme tan superficial? El siguiente miércoles lo dediqué a pasear. No quería volver a verlo en mi vida. Y el siguiente también. Me aterraba perder a Rose, que era su madre, pero un poco también la mía, así que me resigné a la idea de que tendría que volver por allí aunque no quisiera ver a Tim. El tercer miércoles desde mi discusión, golpeé tímidamente la puerta de la cocina de la familia de Michael y Rose contestó: «Pasa, Mia». Me sentí aliviada al comprobar que estaba sola. Me acerqué a abrazarla y no pude evitar romper a llorar. Rose me abrazó y dejó que me desahogara. Cuando mi congoja disminuyó un poco, me cogió por los hombros y me sentó junto a la mesa de la cocina. Atropelladamente traté de contarle lo que había pasado entre su hijo y yo. Obviamente, Rose sabía lo que sentíamos el uno por el otro y lo que iba a pasar antes que nosotros mismos. Me dejó terminar, como solía hacer Tim, y entonces dijo: «Tiene razón». No podía creerlo. Bueno, era normal que se pusiera de parte de su hijo, pero después de tantos años, ¿cómo podía creerme tan superficial? «No te enfades, Mia. Ya sé que no eres como tus padres, pero Tim y tú venís de lados opuestos del mundo. ¿Qué crees que dirían tus padres si les dijeras que te quieres casar con un hombre siete años mayor que tú, pobre y negro?». «No me importa lo que digan mis padres». «¿Y de qué vais a vivir? ¿Por qué crees que ninguno de mis hijos ha ido ni irá a la universidad? Las becas para los barrios pobres solo son para el instituto. Jamás nos darían la llave de la puerta que abre el camino a los líderes. ¿Renunciarás a tu sueño de ser médico?». Fue como si me golpearan con una maza. Siempre había envidiado la vida de Michael, pero de repente me imaginé viviendo como ellos. Sin poder costearme un coche, limpiando casas como la de mis padres, sin haber podido ir a la universidad…, y rezando porque nadie en casa se pusiera enfermo porque podría suponer el final. Ya no estaba tan segura de que el amor fuera suficiente. Me odié por pensar así. Rose, que me conocía mejor que yo misma, me dijo: «No te sientas mal. Sé que no eres feliz, pero también sé que el mundo en el que vives te ofrece una cantidad de posibilidades que para nosotros son impensables. Tim te quiere demasiado como para quitártelas. Yo tampoco lo permitiría. Mi consejo es que seáis felices todo el tiempo que podáis. Unos años de felicidad es más de lo que nadie de tu mundo ha tenido jamás. El amor que des y que recibas se quedará contigo para siempre. No lo olvides». Quizá Tim tuviera razón después de todo. Podríamos estar juntos un par de años, tal vez tres, pero por mucho que yo quisiera, estábamos tan condicionados por la parte del mundo en la que habíamos nacido que unirlas era prácticamente imposible. «¿Podrías decirle a Tim que me gustaría hablar con él?». «Claro, cariño. El miércoles que viene te estará espe-rando».

33
Reconciliación

Tim y yo decidimos no volver a sacar el tema y ser felices mientras pudiéramos. Él seguía pensando que nuestra relación tenía fecha de caducidad, mientras que yo intentaba convencerme de que el amor era más fuerte que cualquier obstáculo. Por desgracia, la cruda realidad no iba a tardar mucho en imponerse. Las vacaciones de Navidad supusieron dos semanas sin poder vernos. El 2 de enero, afortunadamente, cayó en miércoles, por lo que pude correr hasta la casa de la familia que me había dado más amor que cualquier miembro de la mía, incluyendo a Carol. Abrí la puerta de la cocina, ansiosa de ver a Tim, y lo encontré sentado en la mesa del comedor. Solía esperarme con la chaqueta en la mano, listo para salir a la calle a disfrutar cada minuto del poco tiempo del que disponíamos o con una deliciosa merienda si el clima no era el idóneo para pasar la tarde en la calle. Pero no había chaqueta ni merienda, sino una pequeña maleta de cartón forrada con papel amarillo. Su cara no auguraba otra cosa que malas noticias. Me quedé de pie, sin atreverme siquiera a abrazarle, como solía hacer. «¿Qué pasa, Tim?», le pregunté. «Siéntate, Mia, tenemos que hablar». Lentamente tomé el respaldo de la silla que estaba junto a él y me senté sin mucha convicción. Tim me explicó que el capataz de la fábrica en la que trabajaba les había informado el último día del año de que las ventas habían bajado, por lo que tenía que despedir a un 20 % de la plantilla para no perder dinero. Tim era de los trabajadores con menos antigüedad, por lo que su nombre se encontraba entre los que encabezaban la lista de despedidos. Rose, Michael y él llevaban las dos noches que habían trascurrido desde la noticia sin dormir. Habían buscado todas las soluciones posibles, pero no podían prescindir de un sueldo. Solo había una salida, que Tim se reincorporara al ejército, generando menos gasto a su familia y aportando la mayor parte de su sueldo. Abrí la boca para protestar. Quise buscar soluciones, pero sabía que tenían razón y que mis ansias por retener a Tim solo servirían para que se sintiera peor. Lo abracé y mientras lloraba amargamente le aseguré que lo íbamos a lograr, que nuestro amor era más fuerte que la distancia y que lo esperaría siempre. Que sería una doctora brillante y podríamos vivir juntos y llevar la clínica. Los miércoles volvieron a ser los miércoles de Rose y Mia. Al llegar, una carta de Tim me esperaba sobre la mesa cada semana. Me sentaba y la leía ávida de noticias suyas. Después, dedicaba la tarde a Rose y a la repostería. De algún modo, compartir esas horas nos daba consuelo a ambas. Y entre cartas y bizcochos pasaron los últimos seis meses del curso. El resto del tiempo lo dedicaba a estudiar para ser la mejor en todo y poder acceder a una de las tres mejores facultades de Medicina del país. De ese modo, minimizaba el tiempo en el que me permitía sentirme triste por la ausencia de Tim y trataba de asegurar nuestro futuro juntos. Cumplimos diecisiete años y fuimos por última vez al campamento de alto rendimiento del Ministerio de Defensa. Tras el último curso de instituto, tendríamos que asistir a un curso preparatorio en nuestras futuras facultades, por lo que este sería el último verano tal y como lo conocíamos. El campamento se alargaba de seis a ocho semanas, ya que teníamos que estar preparadas para el último y más exigente de todos los cursos. Mis padres pudieron, por fin, disfrutar de su semana en el Caribe sin nosotras, aunque tengo mis dudas de si poder pasar tiempo el uno con el otro fue un alivio o un cas-tigo.

34
Hanna

Por fin llegó el último curso. La señora White volvió a reunirnos en el salón de actos para torturarnos con casi una hora de charla que podía resumirse en que solo alcanzarían el objetivo último aquellos que fueran admitidos en una de las tres mejores universidades de los estudios que hubieran elegido. Aunque no era una garantía, ya que aún habría que superar los siguientes cuatro años en la universidad y finalizarlos con una media excelente para destacar entre tus compañeros y poder ocupar un puesto que te convirtiera en un líder. No obstante, era mejor que el destino que les esperaba a los que no lo consiguieran. Un trabajo mediocre, bajo las órdenes de los que sí lo habían conseguido y la humillación de saber que nunca podrían optar a formar parte de la selecta élite para la que habían sido preparados. Y comenzó la agónica cuenta atrás. Al final del primer trimestre, se anunciaría el nombre de los alumnos que habían sido elegidos por las mejores facultades de Columbland, al final del segundo, por las segundas, y al terminar el curso por las terceras. En el instituto, todos sabíamos lo que nos esperaba. Intentábamos convencernos unos a otros de que nuestro curso sería más fuerte que los anteriores y que nadie haría nada irremediable. En el fondo sabíamos que no era así y nos medíamos unos a otros en silencio, buscando muestras de tristeza o ansiedad y preguntándonos en silencio quién sería el primero en morir. Fue Hanna. Desde muy pequeñas había sido extremadamente competitiva, lo cual es una virtud para una futura líder. Sus padres habían estudiado en las mejores universidades de Finanzas y Derecho respectivamente, por lo que nunca contemplaron la posibilidad de que su hija no fuera otra cosa que una líder entre los líderes. Al finalizar el primer trimestre, se dirigió ufana al tablón de anuncios en el que acababan de colgar los nombres de las mejores universidades del país y de los alumnos elegidos para estudiar en ellas. Buscó su nombre frenéticamente en la lista una, dos y hasta tres veces y finalmente se alejó farfullando: «Es imposible. Tiene que ser un error». Al día siguiente, cuando entramos en clase, la señora White nos estaba esperando para informarnos de que Hanna había fallecido mientras dormía de un paro cardiorrespiratorio. Antes siquiera de que nos diera tiempo a asimilar que una de nuestras compañeras había muerto, nos recordó que cargar a los demás con nuestros sentimientos era absolutamente impropio de un líder, por lo que deberíamos guardarnos nuestro dolor y ser fuertes, que es lo que al fin y al cabo Hanna habría querido. Se nos permitiría faltar a las dos primeras horas de clase del día siguiente para asistir al funeral, pero no a más, ya que nos jugábamos nuestro futuro y perder más clases hubiera estado completamente fuera de lugar. Informé a papá y mamá de lo sucedido, y tras intercambiar una mirada incómoda, mamá dijo: «Una pena». Y seguimos cenando como si nada hubiera sucedido. Carol no comió nada en todo el día y solo emitió vagos monosílabos. Durante la noche la oí ahogar su llanto en la almohada, como cuando estaba con Steve, hasta quedarse dormida. Debí haber ido junto a ella y abrazarla, pero si algo había aprendido de su relación era que cuando estaba triste rara vez quería compañía. Trataba de ser fuerte por las dos, porque el último curso no había hecho más que empezar. El funeral fue muy distinto al del padre de Michael. La familia de Hanna, sentada en los primeros bancos de la sala, se iba turnando para leer pequeños fragmentos que habían escrito sobre su hija, hermana, sobrina... Permanecieron estoicos en todo momento. No afloró ni una lágrima o un gesto de dolor o de cualquier tipo de sentimiento. Eran autómatas bloqueando sus sentimientos y haciendo lo que debían. Al fin y al cabo, eran una familia de líderes. En ningún momento se habló de la causa de su muerte. Todos sabíamos que una parada cardiorrespiratoria solía deberse a una ingesta de pastillas excesiva, por decirlo de manera sutil. Pero lo mismo daba que hubiera muerto de una larga enfermedad o que hubiera elegido morir. La cuestión es que se había ido. Nos refugiamos en lo único que teníamos, estudiar y esforzarnos en las actividades extracurriculares para ser las mejores en todo y no acabar como Hanna.

35
Sam

Algo asombroso sucedió al final del segundo trimestre. Fuimos a ver los alumnos que habían sido elegidos para las segundas mejores universidades. Carol buscó su nombre ansiosa en la facultad de Finanzas, pero no estaba. Para mi asombro, encontré el mío en la de Medicina. Traté de contener mi alegría, pues no quería que mi hermana se sintiera mal, pero ella corrió a mis brazos y exclamó: «¡Mia! ¡Irás a la misma universidad que mamá! ¡Es increíble! ¡Cuánto me alegro por ti!». Me abrazó muy fuerte y supe que sus sentimientos eran, como siempre, sinceros. Aquella noche sentí, por primera vez en diecisiete años, lo que era que tus padres se sintieran orgullosos de ti. Guadalupe nos preparó una cena por todo lo alto. Mamá no paró de hablar durante toda la noche de lo feliz que había sido en la universidad y de este profesor y de aquel. Estaba segura de que aún la recordarían y me rogó que no ensuciara su nombre. Al fin y al cabo, no podía evitar desconfiar de mí.

Incluso papá brindó por mí y por mi brillante futuro como doctora. Carol sonreía, pero era evidente que albergaba una mezcla de alegría, tristeza y miedo. Me hizo pensar en que ella había recibido la atención y el cariño de mis padres desde que éramos pequeñas y quizá por eso lo necesitara tanto. Por el contrario, yo había sido una decepción constante, que pasó a ser poco molesta y ahora, sorprendentemente, había llegado a donde debía. Al día siguiente, la señora White nos estaba esperando en clase. Nos miramos unos a otros buscando quién faltaba, pero antes de averiguarlo nos informó de que Sam había tenido un accidente de coche la noche anterior. Lo comprendimos en seguida. Aunque tenía un 10 en todas las actividades extracurriculares, no pasaba del 8,5 de media en clase, lo que hacía bastante difícil que entrara en las *Top Three* de Derecho como quería. Su nombre no estaba en la segunda mejor facultad de Derecho, por lo que había tirado la toalla. Nos dieron el mismo discurso y las mismas dos horas de permiso que con Hanna. El funeral de Sam fue prácticamente idéntico al de ella, solo que el ataúd de Hanna estaba abierto y el de Sam, cerrado. Pensé que, aunque se debiera al estado del cuerpo tras el accidente, me gustaba más así. Nunca había entendido la costumbre de exponer el cadáver para que todo el mundo pudiera verlo. Resultaba macabro.

36
Carol

Llegó el día que tanto temíamos. Las listas de las terceras mejores facultades de Medicina, Derecho, Finanzas y algunas carreras más. Carol y yo nos miramos. La cogí de la mano y nos abrimos paso entre los alumnos que aún no habían aparecido en los anteriores listados. Su nombre tampoco estaba en la tercera mejor facultad de Finanzas del país. No pude evitar fijarme en un nombre que sí estaba. Sam había entrado en Derecho. Aunque ya no importaba. Carol no reaccionó como esperaba. Se encogió de hombros y dijo: «No pasa nada. No es tan grave». La abracé muy fuerte, pero ella insistió en que estaba bien. La cena fue horrorosa. Mis padres hicieron lo que más podía dolerle a Carol. Ignorarla. Yo traté de darle conversación, pero se sentía tan humillada que apenas logré arrancarle un par de sonrisas forzadas. Cuando terminamos de cenar y nuestros padres nos permitieron retirarnos, Carol subió corriendo a su habitación. Fui tras ella y la encontré en la cama, encogida sobre sí misma. Pensé que estaba tratando de hacerse tan pequeña como se sentía desde hacía ya demasiado tiempo. Me tendí junto a ella y la abracé. Por última vez, Carol lloró hasta quedarse dormida y acto seguido, también yo me dormí. Me despertó el timbre de la puerta. Una fracción de segundo antes de abrir los ojos lo supe. Supe que Carol no estaba a mi lado y que nunca volvería a estarlo. Corrí al cuarto de baño con la esperanza de encontrarla allí. Entonces oí a mamá: «¡No! ¡No puede ser! Se han equivocado. Mi hija está durmiendo todavía. ¡Se han equivocado!». Carol se había escabullido mientras dormíamos y había cogido el deportivo de papá. Se había salido de una curva a tan solo 5 kilómetros de casa. Se me permitió faltar un día completo a clase porque era mi hermana. Mis padres se comportaron exactamente igual que los de Hanna y Sam. Como autómatas que habían sufrido un imprevisto desagradable. No lloré en el funeral de mi hermana. No porque no debiera, que no debía, sino porque el dolor me había golpeado tan fuerte, rápida y dolorosamente que era incapaz de reaccionar. Mis padres decidieron fingir que Carol nunca había existido. Tuve que asistir a dos funerales más antes de que el curso llegara a su fin. Terminé mis estudios como pude y me preparé para despedirme de mi familia, la que de verdad me importaba, durante una buena temporada. Rose, Michael y Maggie me esperaban en mi cocina favorita con mi tarta preferida: bizcocho de chocolate relleno de mermelada de frambuesa. Comimos, reímos y prometimos escribirnos. Antes de partir, Rose me dio una carta de Tim. De camino a casa, me senté en un banco y la abrí con manos temblorosas.

«Mi pequeña guerrera, las cosas por aquí no cambian mucho de una semana para otra. Trabajo mucho y te añoro aún más. Sé que has pasado por mucho en las últimas semanas. ¡Siento tanto no haber podido estar a tu lado! Pero no hablemos de cosas tristes. Una gran aventura te espera. Vas a marcharte a la universidad y por fin podrás cumplir tu sueño y convertirte en una gran doctora. Por favor, no te enfades, pero siento que debo decirte una vez más, que no te sientas mal cuando conozcas a alguien con quien realmente puedas compartir tu presente y tu futuro. Pase lo que pase, siempre serás el amor de mi vida».

37
Por Carol

He finalizado con éxito el curso de preparación a la universidad. En unos días darán comienzo las clases. Aunque han sido dos meses de completa dedicación, le he robado una hora al sueño cada día para poder contar lo que le pasó a mi hermana. Lo que nos pasa a todos. Lo que nos hace esta sociedad privilegiada. Aún no sé cómo lo haré llegar fuera de nuestras fronteras, pues para convertirme en una líder de pleno derecho todavía tengo que completar los cuatro cursos de Medicina y tres de especialidad, obteniendo una media mínima de 9 sobre 10. En caso contrario, todo el esfuerzo que he hecho hasta ahora no servirá para nada, pues solo me aceptarán en hospitales de segunda y únicamente los líderes tienen acceso a los dispositivos que, según creo, me permitirán intercambiar información con el exterior. Tengo que ser la mejor. Por Carol. Por todos nosotros.

Agradecimientos

Hoy, *Los líderes del mañana* comienza una nueva etapa. Habéis sido muchos los que me habéis acompañado desde que esta maravillosa aventura comenzara en abril de 2019. No quisiera olvidar a nadie. Todas las personas importantes en mi vida sabéis que lo sois.

Mis padres, que me inculcaron el amor por la literatura y la convicción de que luchando podía conseguir mis sueños sin importar las circunstancias. Mi hijo que está a mi lado en cada paso del camino. Mis tíos, que son sinónimo de refugio y apoyo incondicional. Mi primo, que siempre me escucha y aconseja sabiamente. Cristina, Manolo, Daniel, Carlos y Sara, porque estáis siempre, apoyándome en cada nuevo proyecto.

Mis amigos, sin los cuales no habría conseguido llegar hasta aquí. Sara, mi amiga, cómplice, correctora de todas mis novelas y pilar fundamental para conservar la cordura. Adolfo, que además de tener la paciencia y generosidad de hacerme la foto que veis en la contraportada, es el mejor compañero de combate que uno pueda tener en un tatami.

Vero y Jorge son las personas más buenas y nobles que conozco. Su apoyo a cada paso del camino me ha dado fuerza cuando más lo necesitaba. Ester y Rosa son las maestras que todos los niños querrían tener. Vosotras dais sentido a la palabra "amistad". Edu, que por muchos años que pasen siempre será mi persona. Gonzalo y Cristina, por estar siempre y dar a todos mucho más de lo que reciben. Amparo y Hugo, que además de comprar el primer ejemplar de *Los líderes del mañana*, son los mejores amigos, tío y primos del mundo. Rocío, que es mucho más que familia y tiene el valor de ser libre, fuerte e independiente. Virginia, a la que admiro por su constancia en luchar por lo que quiere y que me reconcilia con el mundo.

A pesar de mi reticencia, las redes sociales han puesto en mi camino a personas maravillosas. Gracias Cristina (@martinarumas) por todo lo que has hecho por esta historia. Sin ti, no hubiera llegado tan lejos. Gracias a Estela Melero (@estelamelerobermejo) y a Alejandra Rodríguez (@alejandra.reads.and.writes) por su apoyo y sus consejos sobre el mundo de la autopublicación. Qué suerte tener compañeras como vosotras.

Gracias a Alexia Jorques (@alexiajorques) por haber hecho que su talento y profesionalidad hicieran posible esta edición en un tiempo récord.

Christian Martínez Silva (@martinezsilvachristian) es uno de esos regalos que te hace la vida. No solo es uno de los escritores más prometedores del momento, es un compañero excepcional con unos valores y una calidad humana difíciles de encontrar. Gracias por tanto, amigo.

He dejado para el final a las personas más importantes: los lectores. Nada de todo esto tendría sentido sin vosotros. No os imagináis lo que significan para mí vuestros mensajes, críticas y opiniones. Gracias a los alumnos que asistís a mis talleres y a los institutos y colegios que lo hacéis posible. Sois el motor para seguir escribiendo.

En Valencia, a 26 de septiembre de 2020

Sobre la autora

FOTO POR ADOLFO VENTURA SALOM

Carmen Andrés Reyes nació en Valencia en 1983. Es licenciada en Historia (Universidad de Salamanca) y master en Arqueología (Universitat de València). Trabaja con niños y adolescentes en el ámbito de la educación no formal desde hace más de 15 años. "*Los líderes del mañana*" es su primera novela publicada (finalista del I Premio "*Siete Pisos*" de Novela Corta). Con "*La profecía autocumplida*", un thriller psicológico, ganó el VIII Concurso de Novela Corta La Verónica Cartonera. "*Moira y el baúl del tiempo*" será publicada próximamente por Edebé México y Editorial Crecer (Perú) para formar parte del Plan Lector de ambos países.

Instagram: @carmenandresreyes